Es Pues, La Fe

Es Pues, La Fe

CHERYL STASINOWSKY

WORD SCRIBE

Edición en castellano: ES PUES, LA FE © 2012 por Cheryl Stasinowsky y publicado. Todos derechos reservados.

Traducción al castellano por Rev. Margarita Spencer, Basileia International Ministries, Miami, Florida 33157 (basileia.miami@gmail.com)

Ninguna parte de este libro puede ser reproducida, archivada en un sistema, o transmitida en forma o manera alguna, sea electrónicamente, mecánicamente, por medio de fotocopia, grabación o de cualquier otra manera, sin el permiso escrito del dueño de los Derechos del Autor, con excepción de algún crítico que desee citar pasajes breves con respecto a una reseña publicada en una revista, sitio web, periódico, podcast o transmisión. No usa el nombre de satanás en mayúsculas o referencias al diablo.

Impreso en los Estados Unidos de América.

Texto bíblico: Reina-Valera 95 ® © Sociedades Bíblicas Unidas,1995.
www.labibliaweb.com

ISBN: 978-0-615899-67-1

Dedicación

Dedico este libro a mis hijos, a sus hijos, y a las generaciones con quienes nunca platicaré de manera personal, cara a cara. Escribo este libro con uds. en mi corazón. Les entrego mi fe y bendigo sus propios caminos de fe con su Señor y Salvador, Jesucristo. Les amo y oro por ustedes ahora, mientras vivo…

Este libro fue escrito con el propósito de cambiar la fe de naciones, una persona a la vez. ¡Usted es la próxima!

Espero que este libro enriquezca, aumente, y fortalezca su fé continuamente…

Mi Familia

Reconocimiento

Al Padre, Hijo, y Espíritu Santo, muchísimas gracias por Su guía diaria en mi vida, de momento a momento. Los amo y elijo confiar en Uds. a cada momento con toda mi vida. Confío que saben lo que hacen aún cuando yo no lo sé. ¡Los amo!

A mi esposo, Wally, eres tan maravilloso y te agradezco el ser mi mayor apoyo en lo que fue mi obra diaria al escribir este libro. En varias ocasiones creíste en mi y en mis obras más que yo misma. Gracias. Te amo. Eres un esposo genial y un padre ejemplar a nuestros hijos. ¡Hurra por nosotros!

A mis hijos, Amber y Jordan, mi corazón late por Uds. Los amo individualmente por quienes son y quienes serán. Oro por Uds. cada día y cada noche, y deseo lo mejor para Uds. y su futuro. ¡Que Jesús sea siempre su mejor amigo; el Espíritu Santo su Consolador; y el Padre el único, santo Dios en el que siempre pueden confiar!

A mi familia y amistades, gracias por sus oraciones, palabras alentadoras, y por creer en mi a pesar de todo. Todos tienen un lugar especial en mi vida y los amo.

Para mi editora Barbara Rodriguez, ciertamente superaste la exigencia con esta. Amo tu determinación y tu energía, Esto fue un enorme esfuerzo para ambas, gracias por creer en mi y en mi libro.

Margi Spencer, ¡Guau! ¿que puedo decir acerca de semejante mujer de Dios? Este libro está en Español debido a tí! Tu eres mi heroína. Te amo y te doy las gracias mas grandísimas posibles.

¡Que el Señor continúe ensanchando todo lo que hacen!

Índice

Prefacio por Dr. Rick Kendall 13
Introducción 15
Hebreos 11 23
11:1 29
Comprendemos 33
Abel 37
Enoc 41
Noé 47
Abraham 51
Sara 55
En La Fe Murieron Todos Ellos 59
Pruebas de Fe 63
Fe Generacional 67
Moisés – Fe Para Destino 71
Cayeron Los Muros de Jericó 75
Rahab 79
¿Y Que Mas Podria Decir? 83
Reflexión de Fe 87
Sobre La Autora 89

Prefacio

Cheryl Stasinowsky nos lleva en un viaje muy personal. Es como si Cheryl y los grandes campeones de la fe de Hebreos 11 caminaran con nosotros por una senda de entendimiento llena de aplicaciones prácticas de los varios aspectos de la fe. Es tan importante que captemos que entre "la confianza de lo que se espera," y la "convicción de lo que no se ve," se desarrolla un proceso que nos cambia como individuos antes de cambiar el sitio o el evento. Uno de los comentarios que Cheryl comparte es: "No podemos ver la fé pero sabemos que la fe es parte de la esencia de Dios. La fe es un viaje que consiste de aprender, experimentar, recibir, dar y creerle a Dios."

Este principio, entre otros tantos, es una alhaja que proviene de una mujer de Dios quien ha andado un caminar de sabiduría formativa por mucho tiempo. Cheryl reta el lector a escribir sus pensamientos y ora una declaración de fe al final de cada capitulo para sellar la palabra compartida.

Recomiendo este libro a todos aquellos que tienen hambre de andar por un camino de fe adquirida con los campeones de Hebreos 11 y la revelación compartida por Cheryl Stasinowsky.

Dr. Rick Kendall
Presidente / Fundador de Global Embassy Network y Victory Ministries Inc. www.globalembassynetwork.com

Introducción

"Hermanos míos, gozaos profundamente cuando os halléis en diversas pruebas, sabiendo que la prueba de vuestra fe produce paciencia" (Santiago 1:2-3). Aunque este libro trata solamente con Hebreos 11, mi jornada a través de esta obra me enlaza con ese versículo. Permítánme que les comparta un poquito de mi experiencia con la prueba de la fe.

Fue algo sumamente maravilloso cuando comencé a escribir y me sentí tan libre. Cada vez que escribía sentí la inspiración del Señor y anticipaba esos momentos. Aprendí como procesar mi caminar con el Señor y Su Palabra, y como compartirlo con otros. Ese es el tema de mi primer libro, **Sus Tesoros Escondidos**. Compartí eso en mi blog con la idea de ayudar a otros y nunca con la intención de que se convirtiera en un libro.

Después Él despertó otro deseo en mi corazón: animar a otros a diario con palabras alentadoras, algo que inició mi recorrido por Facebook y mi segundo libro, **Una Relevancia Mas Profunda**. Estos escritos fueron totalmente diferentes de los que yo jamás había creado con anterioridad. Fueron cortos y su intención fue despertar en el lector un deseo de enlazar la Palabra de Dios a su propia vida y permitir que esa Palabra renovara sus pensamientos. La transición de estilos entre una etapa y la otra fue difícil al principio pero pronto se convirtió en algo normal para mí.

Estos dos libros ya publicados nunca fueron mi intención; la de Dios si, pero yo no lo reconocí. Este nuevo libro que ahora tiene en sus manos es el primero que escribo teniendo el conocimiento y propósito de que si iba a ser publicado. Me sé este libro al dedillo. Lo he enseñado muchas veces y lo he estado viviendo por más de 10 meses, desde que comencé a recibir la revelación acerca de la fe el 29 de Julio, 2010 (mientras escribía mi segundo libro, **Una Relevancia Mas Profunda**.) Pero mientras trataba de escribir este libro, me enfrenté con bastantes dificultades. Me tuve que profundizar mucho más con el Señor para sacar este libro de mí.

Al principio, pasaba casi tres horas en la capilla de oración de la iglesia enfocándome en escribir un capitulo. Nunca había experimentado algo similar escribiendo. Descubrí que El estaba cambiando mi estilo nuevamente y mi mente parecía resistirlo un poco. Tuve que batallar la renuencia y paré de escribir una y otra vez hasta que al fin ¡terminé un capitulo! Este libro nació de un lugar totalmente diferente en mí. No salio de ese lugar de libertad maravillosamente inspirado por Dios; fue algo que causó que me sintiera como que estaba trabajando o haciendo ejercicios. Siento que El me enseño algo totalmente nuevo.

Yo sabia que tenía que escribir este libro sobre la fe (Hebreos 11) y que debía ser publicado para la fecha 11.11.11.

Lo más interesante es que no escribí desde ese lugar de emociones y sentimientos como en el pasado. Cuando reconozco esto, veo que la fe en si, no se trata de como nos sentimos. Por lo tanto siento esa perseverancia infundida por la fe mientras escribo. Nuestras emociones no establecen nuestra fe. Algunas

Introducción

veces nos sentimos muy cerca de Dios pero otras veces nos interrogamos y dudamos de nuestra fe. Ahora reconozco perfectamente el porque tuve que esforzarme tanto para escribir este libro sobre la fe; sé que carga una impartición de fe que es vital para cada uno de nosotros.

El Señor continúa un ahondamiento dentro de mí, como lo hace en todos nosotros, para que curse su río de fe. ¿Acaso debemos acostumbrarnos a sentirnos cómodos con la manera que siempre hemos hecho las cosas en el pasado? Yo me he sometido a la lucha y el peregrinaje de este libro. Hebreos 11:1 dice, *"Es, pues, la fe la certeza de lo que se espera, la convicción de lo que no se ve."* De eso se trata este libro. Estoy escribiendo sobre la convicción de la fe de hombres y mujeres de Dios que han vivido en tiempos pasados. Cada uno de nosotros estamos conectados a su fe y tenemos prueba de eso en el versículo 40 del capitulo 11, *"...porque Dios tenía reservado algo mejor para nosotros, para que no fueran ellos perfeccionados aparte de nosotros."* Este libro nos provee un enfrentamiento con cada uno de ellos para que recibamos una impartición de su fe conquistadora.

Necesitamos su fe. Los animo a que lean cada capitulo tantas veces como les sea necesario y que oren las oraciones al fin de cada capitulo, cuantas veces lo deseen hacer. Su fe se conectara a la fe de ellos y caminaran con un mayor propósito.

Para mi, Hebreos 11 es un capitulo muy especial de la Biblia. Fue escrito como ningún otro capitulo de Su Palabra. Aquí les detallo la inspiración de este libro:

Es Pues, La Fe

El Túnel de Fuego[1] de la Fe

"Es, pues, la fe la certeza de lo que se espera, la convicción de lo que no se ve" (Hebreos 11:1). *Este es el letrero encabezando el Túnel de Fuego hoy. Los animo a que se preparen para recibir una impartición de fe. Veo a Hebreos 11 como dos filas de personas llenas de fe, gente que creyeron lo imposible, y el autor de Hebreos nos ha puesto al principio de la fila. Hoy disfrutaran de un paseo privado, sin el ajetreo de cientos de personas delante o detrás. Tómense todo el tiempo que deseen con cada personaje. ¿Están listos? ¿Pueden verlo?*

Cuando se acerquen a cada persona, piensen en su vida. ¿Que desea el o ella que Uds. vean hoy? Evalúen su fe y sus decisiones. Fíjense en lo que Dios vio en ellos y después reciban su testimonio. En cada paso, hay un deposito de fe disponible para Uds. Permitan que ellos les toquen y les ministren. Mientras Uds. toman su primer paso, descubran el mundo a su alrededor y las palabras declaradas por Dios para crearlo. No se apuren. El ha declarado palabras sobre sus vidas que aún no se han cumplido. ¡Reciban la impartición!

Cuando se acerquen a Abel, ¿que necesitan Uds. de el? Mediten sobre su vida y su muerte. ¿Les habla la vida y la fe de Abel? A su próximo paso se encuentra Enoc, quien vivió una vida de tal acercamiento a Dios que no murió en este mundo. Su testimonio es que le agrado a Dios. ¿Necesitan Uds. su fe hoy? Ahora están parados delante de Enoc. Permitan que el les imponga sus manos.

1. Un 'Túnel de Fuego' es un método de impartición donde se crean dos filas de lideres espirituales como pastores, invitados especiales o miembros del equipo de oración. El pueblo se pone en fila al principio del túnel y comienza a caminar entre las dos líneas de líderes para recibir oración e imposición de manos para impartición del Espíritu de Dios.

Introducción

Si aun pueden caminar, verán otro letrero encabezando esta parte del Túnel de Fuego diciéndoles que es imposible agradar a Dios sin fe. Que bueno que caminamos por el Túnel de Fuego de la Fe hoy.

¿Que necesitan de Noé? Mediten sobre ser el único hombre salvado, con su familia, de una destrucción total. ¿Se sienten Uds. algunas veces como que el mundo se derrumba a su alrededor? Por seguro necesitamos parte de la fe de Noé. Mientras reflexionan sobre su vida y testimonio, reciban la fe y la valentía que Noé poseía. ¿Están listos? Ahora se acercan a Abraham. Reflexionen sobre su vida. No se escribió solamente un versículo sobre él. Deténganse un rato aquí con Abraham, amados, y reciban.

La próxima es Sara y para aquellos de Uds. viendo 11:11 estos días, este es quizás un buen lugar para acampar un rato. Reflexionen sobre recibir fortaleza para concebir semillas. ¿Acaso pueden ser estas semillas palabras proféticas, sueños y ministerios? ¿Qué esta depositando Dios en Uds.? ¿Creen ser demasiado avanzados en edad? Ella habia pasado la edad apropiada para concebir pero no se trataba de Sara. Les repito, no se trataba de Sara. Ella consideró Fiel aquel quien le había prometido. Sean fortalecidos hoy para concebir, para creer, para parir, y para recibir el testimonio de Sara. ¡Yo lo estoy recibiendo!

Cuando pasen con cada uno de ellos hoy, vean el mensaje y el testimonio contenido dentro de ellos y apodérense de él. No se apuren. Nadie esta esperando para cerrar las puertas o apagar las luces. Nadie espera por Uds. para regresar a su hogar. Tomen todo el tiempo necesario y sean llenos hoy mientras caminan entre el poder intoxicante de aquellos cuya fe agradó a Dios. Ahora nos toca a nosotros ser alentados y a continuar. ¡Los veo al otro lado del túnel! (Cita del libro Deeper Relevance por Cheryl Stasinowsky, página 220)

Allí fue donde este libro fue concebido y rápidamente me encontré acampando en Hebreos 11 cuando mi fe estaba siendo golpeada y probada; cuando me sentía derrotada y dudaba hacia donde iba y quien era. Me arrastraba hacia Hebreos 11 y permanecía allí hasta que sentía mi fe surgir de nuevo. Algunas veces requería leer hasta el último versículo. Este libro es mi viaje personal con cada uno de estos hombres y mujeres de Dios y su fe. Saco de sus páginas personas con las mismas luchas que nosotros enfrentamos hoy día y me conecto a su fe en Dios para seguir adelante. Espero que mientras lean, también reconozcan los diferentes aspectos de esas vidas necesarios para su viaje personal de fe. He confeccionado este libro corto y pequeño para que lo puedan mantener consigo siempre. Tantas veces en nuestra vida cotidiana tenemos que esperar por alguien o por una cita. Esos momentos son oportunidades para leer y aumentar nuestra fe.

Creo, con todo mi ser, que Hebreos trae una impartición de fe que está disponible para nosotros y se repite detalladamente una vez tras otra por cada uno de estos hombres y mujeres. Quizás Ud. agregue otros nombres a la lista cuando encuentre nuevos relatos en la Palabra que le ministren a manera personal, por gente como Rut, Ester, Pablo, o cualquiera de los tantos hombres y mujeres de la Palabra. Tal vez en el futuro agregaré nuevas adiciones a este libro, pero por ahora, comenzaremos con el plato principal. Prepárense para tener más valentía y fe.

Introducción

"Ellos lo han vencido por medio de la sangre del Cordero y de la palabra del testimonio de ellos, que menospreciaron sus vidas hasta la muerte." (Apocalipsis 12:11)

Cada declaración "por la fe" es una llave que abre la puerta al testimonio de la fe conquistadora.

Hebreos 11

Por la Fe Comprendemos

1 Es, pues, la fe la certeza de lo que se espera, la convicción de lo que no se ve.

2 Por ella alcanzaron buen testimonio los antiguos.

3 Por la fe comprendemos que el universo fue hecho por la palabra de Dios, de modo que lo que se ve fue hecho de lo que no se veía.

La Fe en el Amanecer de la Historia

4 Por la fe Abel ofreció a Dios más excelente sacrificio que Caín, por lo cual alcanzó testimonio de que era justo, dando Dios testimonio de sus ofrendas; y muerto, aún habla por ella.

5 Por la fe Enoc fue traspuesto para no ver muerte, y no fue hallado, porque lo traspuso Dios; y antes que fuera traspuesto, tuvo testimonio de haber agradado a Dios.

6 Pero sin fe es imposible agradar a Dios, porque es necesario que el que se acerca a Dios crea que él existe y que recompensa a los que lo buscan.

7 Por la fe Noé, cuando fue advertido por Dios acerca de cosas que aún no se veían, con temor preparó el arca en que su casa se salvaría; y por esa fe condenó al mundo y fue hecho heredero de la justicia que viene por la fe.

Abraham, el Fiel

8 Por la fe Abraham, siendo llamado, obedeció para salir al lugar que había de recibir como herencia; y salió sin saber a dónde iba.

9 Por la fe habitó como extranjero en la tierra prometida como en tierra ajena, habitando en tiendas con Isaac y Jacob, coherederos de la misma promesa,

10 porque esperaba la ciudad que tiene fundamentos, cuyo arquitecto y constructor es Dios.

11 Por la fe también la misma Sara, siendo estéril, recibió fuerza para concebir; y dio a luz aun fuera del tiempo de la edad, porque creyó que era fiel quien lo había prometido.

12 Por lo cual también, de uno, y ese ya casi muerto, salieron como las estrellas del cielo en multitud, como la arena innumerable que está a la orilla del mar.

La Esperanza Celestial

13 En la fe murieron todos estos sin haber recibido lo prometido, sino mirándolo de lejos, creyéndolo y saludándolo, y confesando que eran extranjeros y peregrinos sobre la tierra.

14 Los que esto dicen, claramente dan a entender que buscan una patria,

15 Pues si hubieran estado pensando en aquella de donde salieron, ciertamente tenían tiempo de volver.

16 Pero anhelaban una mejor, esto es, celestial; por lo cual Dios no se avergüenza de llamarse Dios de ellos, porque les ha preparado una ciudad.

La Fe de los Patriarcas

17 Por la fe Abraham, cuando fue probado, ofreció a Isaac: el que había recibido las promesas, ofrecía su unigénito,

18 habiéndosele dicho: En Isaac te será llamada descendencia,

19 porque pensaba que Dios es poderoso para levantar aun de entre los muertos, de donde, en sentido figurado, también lo volvió a recibir.

20 Por la fe bendijo Isaac a Jacob y a Esaú respecto a cosas venideras.

21 Por la fe Jacob, al morir, bendijo a cada uno de los hijos de José y adoró apoyado sobre el extremo de su bastón.

22 Por la fe José, al morir, mencionó la salida de los hijos de Israel y dio mandamiento acerca de sus huesos.

La Fe de Moisés

23 Por la fe Moisés, cuando nació, fue escondido por sus padres por tres meses, porque lo vieron niño hermoso y no temieron el decreto del rey.

24 Por la fe Moisés, hecho ya grande, rehusó llamarse hijo de la hija del faraón,

25 prefiriendo ser maltratado con el pueblo de Dios, antes que gozar de los deleites temporales del pecado,

26 teniendo por mayores riquezas el oprobio de Cristo que los tesoros de los egipcios, porque tenía puesta la mirada en la recompensa.

27 Por la fe dejó a Egipto, no temiendo la ira del rey, porque se sostuvo como viendo al Invisible.

28 Por la fe celebró la Pascua y la aspersión de la sangre, para que el que destruía a los primogénitos no los tocara a ellos.

29 Por la fe pasaron el Mar Rojo como por tierra seca; e intentando los egipcios hacer lo mismo, fueron ahogados.

Por la Fe Vencieron

30 Por la fe cayeron los muros de Jericó después de rodearlos siete días.

31 Por la fe Rahab la ramera no pereció juntamente con los desobedientes, porque recibió a los espías en paz.

32 ¿Y qué más digo? El tiempo me faltaría para hablar de Gedeón, de Barac, de Sansón, de Jefté, de David, así como de Samuel y de los profetas.

33 Todos ellos, por fe, conquistaron reinos, hicieron justicia, alcanzaron promesas, taparon bocas de leones,

34 apagaron fuegos impetuosos, evitaron filo de espada, sacaron fuerzas de debilidad, se hicieron fuertes en batallas, pusieron en fuga ejércitos extranjeros.

35 Hubo mujeres que recobraron con vida a sus muertos; pero otros fueron atormentados, no aceptando el rescate, a fin de obtener mejor resurrección.

36 Otros experimentaron oprobios, azotes y, a más de esto, prisiones y cárceles.

37 Fueron apedreados, aserrados, puestos a prueba, muertos a filo de espada. Anduvieron de acá para allá cubiertos de pieles de ovejas y de cabras, pobres, angustiados, maltratados.

38 Estos hombres, de los cuales el mundo no era digno, anduvieron errantes por los desiertos, por los montes, por las cuevas y por las cavernas de la tierra.

39 Pero ninguno de ellos, aunque alcanzaron buen testimonio mediante la fe, recibió lo prometido,

40 porque Dios tenía reservado algo mejor para nosotros, para que no fueran ellos perfeccionados aparte de nosotros.

11:1

"Es, pues, la fe la certeza de lo que se espera, la convicción de lo que no se ve." (Hebreos 11:1)

Este versículo siempre me ha retado. Algunas veces su sentido es tan obvio pero otras pienso que no tengo la menor idea de lo que realmente significa. Aparece como que este versículo es la definición de la fe y que nos comunica verdades que encontramos en las vidas de las personas mencionadas en el versículo. Yo veo la fe y la verdad de este versículo como un hilo tejido por toda la Biblia; algo que sostiene la integridad de la Palabra de comienzo a fin.

Para exponer el misterio de este versículo el Señor me llevó en un recorrido dentro de la palabra *"esperanza."* Para mi la palabra esperanza significa esperar con expectativa o anticipación por algo que esta por venir. El Señor me mostró mi esperanza de niña; cuando joven adolescente; y finalmente como adulta. Mi esperanza cambió cuando mis circunstancias cambiaron. Cuando fui herida por varias personas, note que mi esperanza se movió de otras personas a mi misma. Fue una manera de protegerme contras nuevas heridas. Reconocí que mi esperanza estaba conectada o fue influenciada por desengaños, fracasos, expectativas y por la vida en general. Descubrí que donde yo ponía mi esperanza era mi opción. Puse mis esperanzas en mis dones y talentos, en mis finanzas, en mi carrera, y en mis propias capacidades para alcanzar mis metas y mantener mi vida en rumbo hacia adelante de acuerdo con mi propia lógica y mi manera de pensar.

Cuando conocí a Jesús, todo cambio. El comenzó a exponer todos esos lugares donde mi esperanza no se basaba en El. Las pruebas y las dificultades eran Su regalo para conectarme a El con más intimidad y cercanía. Al principio, ¿veía yo las cosas de esta manera? No. Por causa de muchas luchas y del proceso de someterme a Sus planes y propósitos, he comenzado a ver el valor de las peleas. Mientras mi esperanza es puesta en El, pedazo por pedazo, vienen cambios sólidos y seguros a la manera que pienso y la forma en que atravieso el proceso de la vida. El me instruye sobre la fe por medio del camino de la esperanza. Recientemente he notado que hay lugares donde yo pensaba que había recibido victoria en mi pasado pero donde no me siento tan victoriosa hoy día. De alguna manera retrocedí al pensar en mi pasado con respecto a ciertas personas y circunstancias. Yo había atravesado una reconciliación significativa con ciertas personas pero, sin embargo, me descubrí alojando ciertas malas actitudes acerca de ellos de nuevo. Cuando le pregunte al Señor, me indicó Hebreos 11:1. El me mostró que cuando yo obtenía grandes avances en mis relaciones personales, yo establecía ciertas expectativas para el futuro. Yo esperaba que me trataran diferente y que la relación fuese maravillosa. Esto era "la certeza de lo que se espera." Durante los próximos días después de la reconciliación, yo buscaba evidencia del cambio. No lo hacia conscientemente; no me percataba de mis propias expectativas. Esas expectativas no cumplidas se convirtieron en decepciones. Las decepciones no tratadas dentro de mí se convirtieron en falta de perdón, resentimiento y amargura. Otra vez había puesto mi fe en el hombre en ciertas áreas sin darme cuenta. Comencé a perdonar a las personas nuevamente y me perdone a mi misma. Le pedí al Señor que los perdonara y a mi también. Me pregunto ¿cuantas veces hacemos esto? ¿Existen áreas en su vida donde recibió el rompimiento y el avance en el pasado pero de repente se da cuenta que ha vuelto a la manera de pensar antigua? Permítame motivarle que le pida al Señor que El le muestre la certeza de las cosas que Ud. esperaba pero que no se cumplieron de acuerdo a su expectativa, permitiendo que la desilusión invadiera sus pensamientos. Esto influencia su fe, sus relaciones, la forma por la cual Ud. responde a situaciones y como Ud. ve las cosas en el futuro.

Ahora veo esto como un área con la cual debo tratar y que debo mantener delante del Señor a diario, para que El me revele cuando la desilusión ha entrado y ha comenzado a envenenar mi fe.

Todos tenemos la opción de donde poner nuestra fe, esperanza y amor. La vida puede influenciar nuestra decisión sin darnos cuenta. Comencé este libro con este capítulo porque pensé que quizás algunos de Uds. necesitan preguntarle al Señor que les muestre las personas que deben perdonar de su pasado, para que al continuar este libro y al recibir la impartición de cada personaje, puedan recibir una porción mayor.

Oración de Preparación

Señor Jesús, acudo a Ti hoy tal como soy. Sé que cargo heridas y decepciones de mi pasado. Perdóname por haber puesto mi fe, esperanza y amor en el hombre en vez de Ti. Te ruego que me muestres a las personas que debo perdonar antes de seguir adelante con este libro. Deseo recibir la plena capacidad de fe de cada uno de estos hombres y mujeres que te agradaron. Concédeme la gracia y la valentía para perdonar, para ser perdonado y para perdonarte a Ti. Aumenta mi capacidad de fe para poder recibir esa fe conquistadora de aquellos que me precedieron. ¡Gracias, Jesús! ¡Amén!

(Le sugiero que tome tiempo con el Señor tratando con esta área, antes de seguir adelante. A través de este libro el Señor va a exponer ciertas áreas dentro de Ud. que han dificultado su avanzar. Creo con firmeza que cada persona que le voy a presentar en este libro tiene algo que impartirle que cambiará su vida.)

Comprendemos

"Por la fe comprendemos que el universo fue hecho por la palabra de Dios, de modo que lo que se ve fue hecho delo que no se veía." (Hebreos 11:3)

¿ENTENDEMOS ESTO? En realidad, este es el comienzo de nuestro viaje dentro del túnel de la fe y empieza con la Palabra de Dios. El no tuvo que usar Sus manos para crear algo en este mundo, solo tuvo que hablar, y todo fue hecho. Venga conmigo mientras procuro desplegar lo que está a nuestro alcance por lo que Dios dice. Mientras lee, medite sobre el poder y la entereza de Sus palabras. Las palabras que El declaro al principio, todavía tienen propósito y relevancia. ¿Qué desea El que Ud. vea (tratándose de El) en este versículo?

Para mi es interesante que El lo creó todo con Sus palabras sabiendo que en el futuro los científicos iban a tratar de comprobar como todo inició y su edad. ¿Creemos en realidad que podemos comprender y entender en totalidad a un Dios que tiene tanto poder que no necesita tocar las cosas para crearlas?

Creo que El lo hizo para confundir a los sabios y para que el hombre no pudiera deducir, racionalizar o justificar los caminos de Dios.

Si juntamos que somos creados en Su imagen con la declaración de Sus palabras, ¿desea El que crezcamos en entendimiento del poder de nuestras propias palabras? Cuando El habla, El crea. Cuando nosotros hablamos, nosotros creamos. No vemos las palabras sin embargo podemos ver lo que es creado por ellas. El nos dio ejemplos del poder de las palabras repetidamente a través de la Biblia. Leemos sobre el poder de la lengua y vemos la evidencia de ese hecho. ¿Prestamos atención a las palabras que hablamos o decimos lo que tenemos en mente, ignorando las consecuencias o heridas que creamos con ellas? ¿Necesitas ayuda en esta área?

¿Que ha hecho con las palabras que Dios le ha dado? ¿Las guardó y abrazó o se alejó de ellas y las olvidó rápidamente? ¿Desea El que Ud. le preste más valor a las palabras que El le habla?

Los principios de Hebreos 11 se conectan y fluyen juntos. El 1er versículo comienza describiendo lo que es la fe. El capítulo continúa, y vemos a Dios mismo haciendo declaraciones creando un mundo que solo comprendemos por fe. Cuando llegamos al versículo 6, leemos que sin fe es imposible agradar a Dios. Todo esta conectado al versículo 3. No podemos ver la fe, pero la certeza de la fe lo rodea a El. La fe es un viaje que consiste de aprender, experimentar, recibir, dar y creerle a Dios. Podemos creer que El es y que El recompensa a aquellos que le buscan.

Comprendemos

Requiere fe comprender que los mundos fueron hechos por la Palabra de Dios, con el aliento invisible de Dios que creó todo lo que vemos a nuestro alrededor.

Oración por la Impartición de Fe

Señor Jesús, Dios Padre, y Espíritu Santo, en cuya imagen yo fui creada, por favor impártanme una mayor fe para creer. Les pido que aumenten mi fe para disipar todas las dudas y los temores dentro de mí, lo conocido y lo desconocido. Por favor impartan sobre mi dominio propio y un mayor entendimiento de las palabras que hablo a diario. Que yo sea una persona de pocas palabras y gran sabiduría. Ayúdenme a considerar y valorar enormemente las palabras que Uds. me hablan. Señor, yo creo pero les pido que ayuden mi incredulidad en toda área de mi fe. Profundicen mi fe y despierten en mí un deseo fresco para complacerles y diligentemente buscarles sobre todas las cosas. Espíritu Santo, por favor ayúdame a escoger mis palabras cuidadosamente en cada momento de este día y en cada situación, sabiendo que ellas poseen el poder para dar vida y causar muerte. Por favor impárteme un mejor entendimiento de la fe que te agrada. Eres tan sabio, tan amoroso y tan bondadoso, tan completo y perfecto en todo, por favor impárteme una porción mayor de fe. Gracias por guiarme, por ser mi gran ejemplo, y por crearme para esta hora. Lo pido todo en el nombre de Jesús, ¡amén!

Abel

"Por la fe Abel ofreció a Dios más excelente sacrificio que Caín, por lo cual alcanzó testimonio de que era justo, dando Dios tetimonio de sus ofrendas; y muerto, aún habla por ella." (Hebreos 11:4)

ABRIMOS LA PUERTA a la vida y a la fe Abel. Venga conmigo mientras abrimos y recibimos una impartición de su vida, una vida de la cual Dios nos testifica. En Génesis 4:2-10, leemos que Abel fue el segundo hijo de Adán y Eva. El fue pastor de ovejas y su hermano mayor, Caín, fue labrador de la tierra. Tanto Abel como Caín le trajeron una ofrenda a Jehová pero no fueron recibidos por igual. Jehová miro con agrado a Abel y su ofrenda, pero no a Caín. El relato continuó en Génesis y Caín mata a su hermano en el campo. Cuando leemos estos versículos sobre Abel, ¿qué vemos de su vida?

Podemos fijarnos primero en la relación familiar. Caín llego a ser celoso de su hermano. Como padres, ¿mostramos parcialidad a un hijo más que a otro? ¿Fue así como Adán y Eva trataron a sus hijos? Sabemos que Dios si lo hizo, así que hay algo que debemos aprender sobre la mayordomía del favor de Dios en la vida de otros. Cuando hago introspección, noto veces cuando sentí que el trato de una situación no fue totalmente justo. ¿Cómo maneja Ud. la situación cuando alguien es apreciado mas que Ud.? ¿O alguien recibe una promoción, y piensa que no es tan capacitado como Ud.? Dios sabía lo que sucedía y trató de advertirle a Caín en el versículo 7, *"Si hicieras lo bueno, ¿no serías enaltecido? Pero si no lo haces, el pecado está a la puerta, acechando. Con todo, tú lo dominarás."* Dios le dijo a Caín y a nosotros que podemos dominar el pecado. Podemos dominar los sentimientos y pensamientos celosos que desean enaltecerse cuando nos hallamos en situaciones parecidas. Si esta es una de las áreas de su lucha, y no ha podido ejercer el dominio debido, puede arrepentirse y pedirle ayuda al Señor ahora mismo. Yo voy a continuar, pero Ud. puede permanecer aquí por cuanto tiempo desee.

Abel fue pastor de ovejas. Veo la conexión entre la vida de Abel y la vida del Rey David, que también fue pastor de joven. Su fe creció mientras el mantuvo las ovejas de su padre y peleó los enemigos que venían a atacarlas. La vida de David como pastor lo preparo para su futuro. Yo pienso que la vida de un pastor es una vida tranquila con bastante tiempo para pensar y conversar con el Señor. Caín, fue labrador de la tierra y sabemos que la tierra fue maldita por Jehová en Génesis 3:17c. ¿Es posible que las dificultades enfrentadas por su oficio influyeron cómo él vio las cosas?

Pienso en el mundo alrededor de nosotros hoy día y las exigencias y presiones para mejorarnos, trabajando más fuerte y más rápido. Vivimos en un mundo guiado por la tecnología e influenciado por un sentido de urgencia constante. Recuerdo la vida antes de los celulares y los computadores. Recuerdo la vida antes del Internet. Veo tantas cosas rodeándonos halando nuestro tiempo. Pienso que Caín permitió que su trabajo, duro y forzado, influenciara como él veía lo que su hermano hacía. Mientras él combatía la tierra, ¿vio Caín a su hermano descansando bajo un árbol? Yo creo que esto provocó sus celos. Pienso que esto creó un conflicto dentro de Caín, haciéndolo sentir que su trabajo era más difícil, sin reconocer que él realmente no le daba lo mejor de lo que él tenía a Dios. ¿Es esto lo que hacemos nosotros? Permita que el Señor le revele la verdad que quizás esta escondida en su corazón y que esta influenciando como Ud. percibe a otros y lo que le ofrenda a Dios.

Veo que Abel le ofrendó al Señor de su corazón y Caín ofrendó por obligación. Si trabajamos o nos esforzamos para lograr algo que posiblemente Dios no desea, esto influye de donde damos. Me pregunto si este es el nido del derecho. ¿Sentimos que tenemos derecho a algo porque hemos trabajado tan duro? ¿Como le afectan las influencias de las situaciones que Ud. enfrenta y los acontecimientos en las vidas de otros a su alrededor?

Para mi es interesante que Abel no siguió en los pasos de su hermano. Abel supo ganarse el agrado de Dios. Abel fue capaz. La fe de Abel está a nuestro alcance en este momento y nos permite ganar el agrado de Dios. Somos responsables de la manera que vivimos nuestras vidas a diario. Todos somos dados la misma cantidad de tiempo. El enemigo se deleita cuando culpamos a otros y cuando los seguimos en sendas que no fueron trazadas para nosotros por la mano de Dios. Abel no siguió el ejemplo de su hermano. Abel tenía sus ojos y su corazón conectados a Dios.

A Jehová le agrado la ofrenda de Abel mucho mas que la de Caín. Yo he estado aprendiendo como ofrendarle al Señor cuando la gente me elogia por mis logros. Recibo el elogio del hombre y rápidamente voy y se lo entrego al Señor. Aun sigo aprendiendo esto pero cuando me fijo en Abel veo que el ofrendó por su relación con Jehová y nosotros podemos hacerlo también. ¿Ha pensado en ofrendarle al Señor algo que no sea finanzas? ¿Qué le muestra el Señor que puede magnificar lo que Ud. le ofrenda?

Cada día de nuestras vidas encontramos una de las áreas mencionadas en el testimonio de Abel, sea en nuestras familias, nuestros empleos, o nuestra relación con otras personas. Oro hoy que Ud. tenga una mayor conciencia y entendimiento de cómo Ud. esta siendo influenciado y que Ud. busque del Señor Su sabiduría y dirección en todo.

Oración por la Impartición de Fe

O Señor Jesús, mientras me paro delante de Ti y de Abel y del testimonio agradable de su vida, te pido una impartición de la fe que Abel poseía que causó que Tu testificaras de él en Tu Palabra. No deseo ser influenciada por el mundo a mi alrededor, si no solo por Ti. Yo necesito fe capacitadora. En cualquier situación que enfrente hoy y cada día, permite que la fe de Abel crezca dentro de mí más y más. Impárteme el entendimiento de lo que es dar por causa de mi relación contigo. Deseo tener un testimonio que habla de mi aun después de mi muerte. Por favor impárteme la fe necesaria para poder caminar así. Gracias por el testimonio de Abel y por los cambios que ocurrirán en mí por causa de su vida y Tu influencia sobre la mía. En el nombre de Jesús, ¡amén!

Enoc

"Por la fe Enoc fue traspuesto para no ver muerte, y no fue hallado, porque lo traspuso Dios; y antes que fuera traspuesto, tuvo testimonio de haber agradado a Dios." (Hebreos 11:5)

HOY NOS DETENEMOS delante de Enoc y la fe que el poseía. Al pararse aquí, ¿qué le preguntaría? ¿Qué le gustaría recibir de la vida de Enoc?

Tal como sabemos poco sobre la vida de Abel, de Enoc sabemos aún menos, pero él agradó a Dios. Si regresamos a Génesis 5 donde primero conocimos a Enoc, vemos su nombre mencionado como parte de la familia de Adán. Enoc fue parte de la séptima generación de la humanidad y anduvo con Dios por 300 años. Permita que su corazón se conecte a esa relación. Mientras se detiene delante de Enoc hoy, sepa que esto es parte del testimonio disponible a Ud.

Me maravilla pensar como seria andar con Dios por 300 años. Yo recibí a Jesús como mi Salvador a los 17 y ahora tengo casi 50. Los últimos 9 han sido un viaje de caminar con Dios, como percibo que lo hizo Enoc. Ya no vivimos tantos años. Si escudriñamos, vemos que Enoc murió a los 365 años (hay 365 días en un año) y el caminó con Dios por 300 años, así que ¿qué le sucedió a los 65? Muchos de nosotros luchamos contra la mentira que nos dice que somos demasiado viejos o que es muy tarde para comenzar. Si ese es Ud., permita que el Señor deposite Su verdad en su interior cuando se conecte con el hecho que Enoc comenzó su relación intima con Dios a los 65 años. Así que ¡no es muy tarde para comenzar!

Pienso en lo que sería andar con Dios a diario. Piénselo. Influenciara todo dentro de Ud. El termino 'caminar con Dios' nos comunica cercanía y conversación. Enoc conoció y agradó a Dios. Me encantaría haber escuchado una de sus conversaciones. Pienso en la influencia que esa relación reflejó en los pensamientos, las palabras, y la perspectiva de Enoc. Todo fue afectado por su relación con Dios. Sabemos que Dios es amor (I Juan 4:8). Enoc tomó parte de una relación con Dios y anduvo en amor. ¿Es esto lo que Ud. desea? ¿Es esta la conexión con Enoc que Ud. desea tener?

Cuando nos fijamos en los tiempos de Enoc, descubrimos que la gente era malvada. Notamos en Génesis 6:6 que Jehová estaba arrepentido de haber creado al hombre. Opino que podemos conjeturar que Enoc no fue protegido de esto. Tal como el caminó con Dios, el también caminó con la gente a su alrededor, como nosotros. No leemos nada que nos dice que Dios lo protegió o lo rescató. No leemos que la gente tocó a su puerta para dañarle (como a Lot). No leemos que el Señor lo envió a proclamar juicio sobre una ciudad (como Jonás). ¿Cómo es que el mundo lo influencia o afecta a Ud. hoy día? ¿Piensa que el mundo que le rodea es maligno? ¿Culpa sus circunstancias cuando en realidad lo que sufre es falta de relación con Dios? ¿Qué necesita de la fe de Enoc hoy? ¡Recíbalo!

Fíjese en el linaje generacional de Enoc. Su bisnieto fue Noé. ¿Que le transmitió Enoc a sus generaciones? No sabemos lo que pasó o no pasó como con el Rey David o Salomón, su hijo. Así que, ¿podemos apropiar para nosotros hoy día lo que le perteneció a las generaciones de Enoc? Podemos fijarnos en nuestras vidas para impactar la generación próxima. La gente a nuestro alrededor esta observando nuestras palabras, nuestras acciones, y nuestras respuestas. ¿Qué vieron los hijos de Enoc de su relación con Jehová? Enoc tuvo hijos e hijas, pero solo su linaje por su hijo Matusalén sobrevivió el diluvio (Génesis 5:27-29). Punto de interés: Matusalén fue el hombre que más largo vivió – 969 años. ¿Existe una conexión entre esta longevidad y la relación de Enoc con Jehová? Lo normal sería que Enoc le hablo a sus hijos de su relación con Dios. ¿Por qué fue que la mayoría no sobrevivió el diluvio? ¿Se ha fijado en eso? Si necesita una impartición de la fe de Enoc para las generaciones futuras, recíbala.

En el versículo citado, leemos que Enoc tuvo testimonio. Ese testimonio es que le agradó a Dios. Nosotros también podemos agradar a Dios. ¿Cómo agradamos a un Dios que es omnisciente, totalmente sabio, perfecto, completo y que no carece de nada?

Antes de desanimarnos por un pensamiento tan imposible, debemos visitar a Marcos 10:27, *"Para los hombres es imposible, pero no para Dios, porque todas las cosas son posibles para Dios."* Enoc caminó con Dios. Enoc agradó a

Dios. Si continuamos leyendo el próximo versículo en nuestro tema de Hebreos 11, veremos una frase poderosa conectada a Enoc, ***"Pero sin fe es imposible agradar a Dios, porque es necesario que el que se acerca a Dios crea que él existe y que recompensa a los que lo buscan."*** Enoc agradó a Dios por su fe. Enoc se volvió a Dios y creyó. ¿Como sabemos que el creyó? Porque el caminó con Dios por 300 años. Enoc conocía a Dios y creyó quien Dios era. ¿Necesita esto de Enoc? Permita que el Señor le dé una impartición de la fe de Enoc.

Mientras escribía este capítulo, tomé una caminata pensando en Enoc. Pensé en todas las maneras que Dios me habla a través de Su Creación, Su Palabra, por canciones, por personas, y por cualquier y toda cosa a mi alrededor. Cuando comencé a mirar Su Creación y a alabar a Dios por esa belleza, me di cuenta que caminaba con Dios. Quizás no al mismo nivel o capacidad que Enoc, pero en ese momento, yo caminaba con Dios. Caminar con Dios como lo hizo Enoc es caminar con un reconocimiento que Dios está con nosotros cada momento que existimos en esta tierra. Podemos caminar con El y conversar con El ya que El siempre esta aquí presente con nosotros.

Oración por la Impartición de Fe

O Señor Jesús, hoy me paro delante de ti recordando a Enoc. Te pido me des esa relación que Enoc tuvo contigo. Deseo caminar contigo cada momento del día y de la noche. Deseo pensar como Tú piensas y hablar lo que Tú hablas. Ayúdame a caminar y a amar como Tú. Por favor, impárteme la fe de Enoc que te agradó. Deseo acercarme a Ti y creer que Tú eres y que Tu recompensas a los que te buscan. Renueva mi diligencia y ayuda mi incredulidad. Confío que has escuchado mi oración y que la impartición ya ha comenzado. Dame la valentía y la sabiduría para hacer esto una realidad. Gracias por todo lo que haces y vas a hacer dentro de mí. Que se diga de mí que yo agradé a Dios y caminé con Dios todos los días de mi vida. En el nombre de Jesús, ¡amén!

Noé

"Por la fe Noé, cuando fue advertido por Dios acerca de cosas que aún no se veían, con temor preparó el arca en que sucasa se salvaría; y por esa fe condenó al mundo yfue hecho heredero de la justicia que viene por la fe." (Hebreos 11:7)

Noé es uno de mis héroes. No me puedo imaginar que impresión le dió esa advertencia para realizar una obra de esa magnitud. Venga conmigo mientras viajamos por la vida de Noé para comprender quien el es y apreciar su fe para recibir su impartición.

"Estos son los descendientes de Noé: Noé, hombre justo, era perfecto entre los hombres de su tiempo; caminó Noé con Dios." (Génesis 6:9). Noé también caminó con Dios como lo hizo su bisabuelo Enoc. Noé comenzó su vida en la misma corrupción donde vivió Enoc pero a pesar de esto, el pudo caminar con Dios. Cuando medito sobre esa frase "caminó con Dios," me enfoco en la palabra "con." Tanto Enoc como Noé caminaron con Dios. En Marcos 10:27, leemos ***"Para los hombres es imposible, pero no para Dios, porque todas las cosas son posibles para Dios."***

¿Reconocemos quien nos acompaña? ¿Atraen nuestras palabras a la gente equivocada? Estos son solamente varios pensamientos para meditar y examinar.

¿Cómo deber haber sido caminar con Dios tan estrechamente que la familia de Noé fue la única escogida para sobrevivir mientras todos los demás fueron destruidos? Dios estaba descontento como Su creación resultarón ser y comenzó de nuevo. El pudo haber destruido a todo el mundo y a todas las cosas, y nosotros no nos hubiésemos enterado. El pudo haber comenzado de nuevo con la humanidad, pero había algo especial en Noé y la relación que el y Dios tenían que hizo que Dios lo salvara. El instruyo a Noé que construyera una nave en el medio de la corrupción. Esto atrajo atención sobre Noé y con eso vino más persecución; sin embargo, Noé continúo obedeciendo a Dios. En su caminar diario con Dios, el entró en lo "posible con Dios" que Jesús mencionó. El fué enfocado, vivió con propósito y construyó esa nave enorme sabiendo lo que venia. Para aquellos de nosotros que hemos leído la historia, ya sabemos lo que va a suceder y comprendemos lo que es un diluvio de esa índole y lo destructivo que es. Pero en el tiempo de Noé nunca había llovido en la tierra por lo tanto construir una nave de ese tamaño fue algo ridículo ante los hombres. Noé caminó en lo posible de Dios, no en lo posible del hombre.

Estos dos hombres, Enoc y Noé, pudieron entrar en lo posible de Dios por su relación con Dios. Esto nos debe alentar. Cuando las cosas aparentan ser imposible a todo nuestro alrededor y pensamos solo sobre posibilidades "del hombre", podemos recapacitar y arrepentirnos. La relación que Enoc y Noé tuvieron 'con Dios' también la podemos tener nosotros. Podemos caminar

Noé

con Dios hasta la medida ilimitada de creer que todo es posible con El, y todo lo que enfrentamos deber ser con ese enfoque y conciencia. ¡Que todas nuestras predisposiciones cambien a esta manera de pensar! ¡Que cada uno de nosotros deseemos caminar con Dios aun más! Cuando nos sentimos abrumados con la vida o temamos lo que enfrentamos, nuestras circunstancias exponen las áreas donde no hemos recibido esta revelación. Considéralas puro gozo porque esas áreas también han encontrado la posibilidad de recibir la revelación que trae cambio.

¿Dios le ha pedido a Ud. que haga algo mas allá de lo que Ud. ha visto? Noé conoce lo duro, lo difícil, la persecución, la burla, lo que es ser mal entendido, y lo que es quedar en ridículo. Noé sabe lo que es permanecer enfocado solamente en la tarea que Dios le dio a cumplir por muchos años (tomó 75-100 años construir el arca). Me pregunto lo que el pensaba cada día cuando se levantaba para seguir construyendo de nuevo. ¿Dudó él alguna vez que esa gran inundación vendría? ¿Pudieron la voces de la gente a su alrededor distraer su enfoque o su manera de pensar? Dios le pidió que realizara una tarea muy pública y él no podía esconder lo que hacia. No leemos nada sobre su esposa y sus hijos hasta que no entran al arca. ¿Prestaron ayuda? Me pregunto si Noé se sintió solo alguna vez. Admiro su obediencia, su fe y su perseverancia.

Sabemos por el versículo anterior que la fe de Noé agradó a Dios. Dios estuvo tan agradado con Noé que El salvó su familia y continuó la creación con su linaje familiar. ¿Qué necesita Ud. de la fe de Noé?

Es Pues, La Fe

Oración por la Impartición de Fe

O Señor Jesús, necesito la valentía, el enfoque y la obediencia de Noé. Deseo una impartición de su fe que te agradó. Necesito el tipo de fe que se enfrenta a toda oposición y persecución. Por favor, deposita hoy en mi, sueños y visiones que provienen de Ti y la fe para poder caminar en ellos. Por favor colócame en el medio de otros que me van a animar y ayudar a aprender esto. Necesito la fe de Noé para poder otorgársela a las generaciones por venir. Deseo caminar contigo como lo hizo Noé y ver cada situación como algo posible. Escojo hoy recibir lo que necesito de Ti por la fe y la vida de Noé. Gracias por mi futuro contigo y las cosas maravillosas que puedo hacer porque Tu estas a mi lado. ¡Te amo! En el nombre de Jesús, ¡amén!

Abraham

*"Por la fe Abraham, siendo llamado,
obedeció para salir al lugar que había de recibir
como herencia; y salió sin saber a dónde iba." (Hebreos 11:8)*

A BRÓCHESE EL CINTURÓN de seguridad porque nos vamos de viaje con Abraham. Por primera vez, vamos a experimentar verdaderamente lo que es caminar con Dios y lo que es ser amigo de Dios. Los animo a que lean Génesis 12-25, porque ahí vemos cual fue su vida con Dios. Abraham podría ser un libro por si mismo así que mientras me detengo delante de él, voy a sacar lo más destacado que el Señor me muestre para compartirlo con Ud. (Le sugiero escuchar estos capítulos como si Dios le estuviera platicando de su amigo).

Abraham es una persona conocida de la Biblia y podemos ver mucho de su vida. Mientras escuché estos capítulos en Génesis, oí a Dios hablarle a Abram dándole instrucciones. Oí a Abram obedeciendo al moverse y llevándolo todo a un lugar desconocido. Abram no siguió las instrucciones de Jehová al pie de la letra y sin embargo, Dios colaboró con el. Abram recibe grandes promesas de Dios sobre su futuro. El rescata a Lot, su sobrino, y le da el primer diezmo a Melquisedec. Me sonrío cuando escucho a Abram tratando de salvar su vida al no decir la verdad total cuando se topa con situaciones difíciles por su esposa y la gente con la que ellos se encuentran en su viaje por las ciudades. Lo escucho reaccionando al temor. Escucho a Dios bendiciéndolo a través de su caminar con El. Escucho a Dios siempre viniendo a Abram, Su amigo, y pactando con él, contándole sus planes para Sodoma y Gomorra, y dándole visiones de su legado.

Oigo a Abram dudando la decisión de su Amigo con respecto a la destrucción de dos ciudades. Abram sabe que su sobrino Lot vive en una de esas ciudades y se acerca a Dios para tratar de cambiar Sus planes. Dios lo oye y la vida de Lot y sus dos hijas es preservada. Abram recibe visitas de Dios y Dios continúa colaborando con Abram. Abram recibe un cambio de nombre y al fin recibe su hijo prometido y entra en todo lo que Dios le había hablado. Este proceso tomó años de conversaciones, mudanzas, errores y a veces hasta adelantarse al plan de Dios. Por todo esto, Dios fue fiel y Abram aprendió durante su trayectoria con Dios. Dios dice que le fue contado a Abram como justicia y creo que Abraham dijera lo mismo sobre Dios al deternos delante de él.

Mientras aprendemos de Abraham, siento que el nos impartirá la relación con Dios que necesitamos. El no camino una senda perfecta con Dios. Abraham nos da hoy una fe duradera, subsistente y obediente. Muchos años pasaron antes que él viera su máxima promesa hecha realidad, pero ni Dios ni Abraham renunciaron ni se desilusionaron hasta que ella se cumplió. No importó lo que hizo Abraham, Dios permaneció a su lado y lo usó todo para su bien. Abraham nos trae una impartición con años de experiencia de buscar a Dios y de aprender a creer que El es el Recompensador de los que lo buscan. Abraham no fué un hombre perfecto pero el creció y cambió por cada experiencia desafiante.

Reciba lo que la vida de Abraham tiene para impartirle en su caminar con Dios. ¿Qué ha hecho con las promesas que Dios ha declarado sobre Ud.? El enemigo obra tantas estratagemas para que nos olvidemos de las promesas. Los días en que vivimos, con todo instantáneo, pueden influenciar y afectar nuestra paciencia al esperar en Dios, si no somos cuidadosos.

Imagínese estar parado delante de un hombre como Abraham con años de experiencia en lo que es agradar a Dios. Creo que él le diría que cuando él cometió errores él tuvo que luchar a través de cada una de esas malas decisiones lo mismo que hacemos hoy día. ¿Puede sentir su compasión por Ud. en su fe? El tuvo una relación de amigo con Dios y la relación creció aunque Abraham cometió errores. Lo mismo puede ser para nosotros. Esta relación no es como ninguna que experimentaremos aquí en la tierra. En ciertas ocasiones, añadimos a nuestra relación con Dios lo que aprendimos en nuestras relaciones terrenales. Al mismo tiempo, vemos la fidelidad de Dios que El desea darnos. Reciba la impartición de la posibilidad de una amistad con Dios que fortalece continuamente y otorga gracia y misericordia como nunca antes ha experimentado. El revisará su manera de pensar con respecto a la amistad con esta impartición. ¿Qué necesita Ud. de la vida y la fe de Abraham? El desea dárselo.

Es Pues, La Fe

Oración por la Impartición de Fe

Señor Jesús, detenernos delante de Abraham es tremendo privilegio y obsequio. Gracias por permitirme ver lo que es una genuina amistad contigo. Cambia mi parecer en todas las áreas que no están de acuerdo con la manera que me miras y piensas de mi. Nunca abandonaste a Abraham sin importarte lo que sucedió ó los errores que el cometió. Gracias por hacer lo mismo por mí. Ayúdame en las áreas donde he creído una mentira pensando que tú no me ayudaras. Por favor impárteme la experiencia y el aprendizaje que Abraham tuvo contigo. Ayúdame a esperar en Ti por Tu tiempo perfecto para el cumplimiento de las promesas que me has hecho. Impárteme una perspectiva fresca de Ti y de mi familia. Impárteme la fe de Abraham que fue una fe duradera, perdurable y obediente. Perdóname por todas la veces que cometí errores y te me adelanté, ó las que mentí por causa del temor. Deseo y necesito la fe y la relación que Abraham tuvo contigo. Soy parte de la herencia que le prometiste a Abraham miles de años atrás, ayúdame a recibirla y caminar en ellas. Gracias por permitir que yo reciba de Abraham y por darme la oportunidad de ver su vida. Gracias por la amistad que me enseñaras a tener contigo. Gracias por el privilegio de caminar contigo y conversar contigo, sabiendo que siempre estas a mi lado. Deseo que se diga de mí que me fue contado como justicia. En el nombre de Jesús, ¡amén!

Sara

*"Por la fe también la misma Sara,
siendo estéril, recibió fuerza para concebir;
y dio a luz aun fuera del tiempo de la edad, porque
creyó que era fiel quien lo había prometido."(Hebreos 11:11)*

MIENTRAS PASAMOS por Sara, vamos a aminorar el paso para poder sacar todo lo que necesitamos de su vida. Es como si necesitamos detenernos un rato aquí y no seguir adelante no sea que nos perdamos algo de su vida. Venga conmigo ahora que el viaje de la fe se detiene delante de Sara, la esposa de Abraham y la madre de Isaac.

Vemos a Sarai mencionada en Génesis 12 cuando ella viaja con su esposo y él le pide que mienta para que él no sea asesinado. Sabemos que es bella. No la vemos contradiciendo lo que Abram le pidió y parece estar de acuerdo. Dios interviene para salvar los planes de Sarai y Abram. ¿Qué pensó Sarai cuando esto sucedió? Seguimos leyendo y en Génesis 16 vemos a Sarai tratando de ayudar a Dios cumplir su promesa a Abram. Cada vez que leo esto, me es incomprensible que Sarai le diera su sierva egipcia como mujer a su esposo para que ella concibiera un hijo. ¿Le molesta esto? ¿Qué nos dice esto de cómo Sarai se sentía sobre la promesa que Dios le había dado a su esposo? Vemos que esto no es un buen plan y que la sierva hasta comenzó a pensar que era superior a Sarai y se lo restregó en su cara. Sarai la afligió de tal manera que Agar huyó de su presencia. Sarai también recibe un cambio de nombre en Génesis 18:5 y es como que algo también cambió en su ser. En el capitulo 18, observamos la palabra profética dada a Abraham declarando que Sara concebiría y tendría un hijo, a pesar de tener como 90 años, pasada la edad de la fecundidad. En su tienda cercana, Sara se ríe de esas palabras y es interrogada por su respuesta. Cuando es confrontada por Abraham, ella teme y lo niega.

Cuando leemos sobre Sara, la vemos como una anciana que mintió, que le entrego su sierva a su marido para concebir un hijo; que se rió de la palabra profética, y que mintió de nuevo. Pero si nos fijamos en ella mas profundamente, vemos una mujer que aprendió, por sus experiencias en la vida y por el milagro de tener un hijo en su edad avanzada, que Dios es capaz de lo imposible. Si fuese que estamos pasando por una de esas atracciones en un parque de diversiones, nuestro enfoque seria una mujer mayor que mintió, que le entrego otra mujer a su marido para poder tener un hijo, quien se rió de las palabras de Dios y que mintió una segunda vez. Pero cuando cesamos de toda actividad y vemos los ojos de Sara, vemos una mujer que aprendió que Dios hace lo que El quiere. A través de las mentiras, los sueños, las desilusiones, las intervenciones equivocadas, las derrotas, las luchas, la tristeza, y aún la risa, ella fue testigo de la fidelidad de Dios en su vida.

SARA

No puedo evitar sentir su dolor cuando, a su alrededor, mujer tras mujer se embarazaba y ella veía su gozo. ¿Soñaba Sara del día que le tocaría a ella? Cuando su oportunidad nunca se presentó y todos esos niños crecieron y tuvieron sus propios hijos, ¿no fue eso otra desilusión? ¿Cómo lidió Sara con su autoestima? ¿Supo ella que mientras ella vio pasar el tiempo de su placer y satisfacción, Dios la estaba fortaleciendo para poder concebir? ¿Ha estado Ud. observando la gente a su alrededor cumpliendo sus sueños mientras Ud. aún espera? Sara esta delante de Ud. para impartirle una medida de fe aun mayor en El, Aquel que le prometió su sueño.

Todas las experiencias de la vida que prepararon a Sara para concebir están delante de Ud. ahora. Sara aprendió la fidelidad de Dios a través de ellas y cuando ella concluyó que no se trataba de si misma, al fin concibió. La edad no le importa al Señor. Los errores que ha cometido si le importan al Señor, pero El los perdona, nos recoge y nos encamina de nuevo. Si creemos que podemos echar a rodar los planes de Dios para nuestras vidas, trivializamos la grandeza de nuestro Dios. Sara nos ofrece sus experiencias, aprendiendo como vivir con y para Dios a través de las desilusiones y los errores. Ella nos atestigua que Dios nunca la abandonó e hizo cosas imposibles con ella. Ella entiende completamente que Dios cumple sus promesas y es la receptora de la recompensa prometida en Hebreos 11:6.

Es Pues, La Fe

Oración por la Impartición de Fe

Amado Señor Jesús, ahora que estoy delante de Sara me doy cuenta que definitivamente necesito una impartición de su fe. Por favor deposita en mí como ella aprendió de Tu fidelidad por todos los retos que enfrentó en su vida. Que esto me permita verte en mis propias luchas y dificultades. Necesito su fe para caminar a través de todas mis propias desilusiones y sufrimientos. Perdóname porque yo también he mentido y he tratado de ayudarte a cumplir las promesas que Tú me has dado. Perdóname por estimarte poco capaz de hacer lo que me prometiste. Deseo recibir la fortaleza de Sara para concebir la semilla de Tu promesa. Ayúdame a regocijarme con los que me rodean que ya caminan en Tus promesas aunque yo todavía espero el cumplimiento de las mías. Impárteme, Dios Todopoderoso, la fe de Sara. Gracias por todas las situaciones y las luchas que me enseñan y me preparan para cumplir Tus planes y propósitos. Gracias por la vida de Sara y todo lo contenido en su fe que recibo ahora. Recibo su fe, por fe. En el nombre de Jesús, ¡amén!

En La Fe Murieron Todos Ellos

"En la fe murieron todos estos sin haber recibido lo prometido, sino mirándolo de lejos, creyéndolo y saludándolo, y confesando que eran extranjeros y peregrinos sobre la tierra." (Hebreos 11:13)

En mi Biblia, el titular sobre los próximos 4 versículos dice "La Esperanza Celestial". Estos versículos para mi representan una transición, ¿pero de donde? ¿Se refiere el autor de Hebreos a las personas mencionadas anteriormente en estos 4 versículos o las que los siguen? ¿Tiene importancia el asunto? En nuestro estudio lo determinaremos como "todos-incluidos."

Hemos caminado delante de 5 personas y más siguen, así que no me voy a detener y hablar sobre sus vidas individuales, y así descubriremos el patrón que cada uno siguió para sostener su fe. No todos los mencionados en Hebreos 11 recibieron sus promesas, hecho que nos comunica que su fe no se basaba en la promesa en si. Si nos enfocamos en los que no recibieron la promesa nos podemos desanimar. Pero muchas promesas fueron promesas generacionales. ¿Se dieron cuenta ellos de eso? ¿Le ha dado el Señor a Ud. una promesa personal que es mucho mas grande que lo que Ud. puede realizar por si mismo? Me pregunto a cuantas personas le han sido dadas grandes promesas y cuando llegan al fin de su vida, fallecen pensando que fracasaron y que no cumplieron su destino. ¿Qué vieron todos estos que murieron en la fe?

Ellos miraron de lejos sus promesas y tuvieron la seguridad de su cumplimiento. ¿Fue esta seguridad su recordatorio continuo? Lo vemos en la vida de Abraham cuando Jehová lo visitaba a menudo, repitiéndole la visión de las estrellas en el firmamento y el polvo de la tierra. El Señor es quien mantiene la promesa delante de los ojos de Abraham. Esa fue su seguridad. ¿Necesita Ud. algo así?

Los Patriarcas abarcaron estas promesas. ¿Como lo hicieron? Veo la palabra *abarcar* como significando que ellos extendieron sus brazos, las rodearon y las halaron hacia si. Cuando se fijaban en las opciones de su vida cotidiana, ellos usaban las promesas como la brújula que los mantenía en ruta. Las mantenían en sus pensamientos para que sus mentes las pudieran abarcar. Es posible que las hayan escrito para recordarse a si mismos en los días difíciles. ¿Necesitas esta facultad?

Ellos confesaron que eran extranjeros y peregrinos sobre la tierra. ¿Cómo luce esto? Yo creo que ellos estaban tan seguros de sus promesas y las habían acogido de tal manera que fueron consumidos con el deseo de seguir adelante de acuerdo con el Reino Celestial por su cumplimiento. Ellos llegaron a cierto punto en su caminar con Dios que El se convirtió en su recompensa. Tomen un paso dentro de la vida de estos hombres y mujeres de fe, y piensen sobre lo que Dios les pidió que hicieran y la mentalidad que tuvieron que poseer para caminar en ese grado de fe. Dios los visitó y una visión y una promesa crecieron en su interior y se unieron a ellos. Atravesaron una transición dejando de ser hombres y mujeres en la tierra sirviéndose a si mismos y a los que los rodeaban para convertirse en siervos del Dios de los Cielos. Tomen un momento para fijarse en cada una de sus vidas y verán que existe un vinculo en común en estos versículos. Cada persona miró más allá de si mismo y se apropió de lo que vio. ¿Es esto lo que Ud. necesita?

Yo veo cada uno de ellos teniendo una mentalidad celestial. Dios desea que sepamos que existe una relación con El donde las luchas de la vida no se comparan con las promesas que El nos ha dado. El es la esperanza y el enfoque celestial que cada uno de ellos poseía. El es la recompensa que cada uno recibió. No se desanimaron cuando no vieron su promesa cumplida. Le entregaron la visión y la promesa a la próxima generación, quienes la tomaron y la perpetuaron, hasta hoy día delante de nosotros.

Siento que lo que nos está disponible es una mayor claridad en el enfoque, el propósito, y la manera de continuar apropiándonos de las promesas mientras caminamos en la tierra. ¿Esta listo para recibir su impartición? Imagínese a todos ellos parados delante de Ud. en este momento.

Es Pues, La Fe

Oración por la Impartición de Fe

Señor Jesús, ¡como necesito la fe y la visión de todos los hombres y mujeres de Hebreos 11! Por favor expande mi enfoque para entrar en acuerdo contigo. Impárteme la relación para recibir tales promesas y dame una capacidad mayor para apropiarlas y confesarlas. Perdóname por haber olvidado o soltado las promesas que me has dado hasta ahora. Por favor, entrégamelas de nuevo y asegúrame de ellas, las veces necesarias, hasta que yo pueda llevar estas visiones en mi ser. Dame sabiduría para reconocer lo que le debo entregar a la próxima generación. Permite que yo aprenda, con mayor profundidad, como mantener mi esperanza en los cielos y no en la tierra. Por favor, impárteme esa facultad, la necesito tanto. Despierta de nuevo mi propósito. Despierta mi enfoque en Ti otra vez. Necesito mas fortaleza y valentía como la que tenían estos hombres y mujeres. Por favor impárteme su fe colectiva, su esperanza, su visión y su aplomo. ¡Gracias! Te lo pido todo, en el nombre de Jesús, ¡amén!

Pruebas de Fe

"Por la fe Abraham, cuando fue probado, ofreció a Isaac: el que había recibido las promesas, ofrecía su unigénito..." (Hebreos 11:17)

TODO ESTO ME CONMUEVE. Sé que no es un evento de la actualidad pero, sin embargo, para nosotros hoy día es simbólico. En este día y época, si hiciéramos algo similar nos encarcelarían, pensarían que somos unos trastornados y nuestro hijo necesitaría terapia por el resto de su vida. Venga conmigo mientras nos fijamos en los ojos de Abraham de nuevo y vemos otro aspecto necesario de su fe.

En Génesis 22, vemos la referencia bíblica mencionada aqui en Hebreos. Preste atención al primer versículo de este capitulo, **"Aconteció después de estas cosas, que Dios probó a Abraham."** Esto sucedió después que Abraham caminó por todo lo que ya hemos visto y ya había recibido su promesa en la vida de Isaac. Hacía tiempo que caminaba con su promesa después que el bebé creció y se convirtió en un joven. Esto nos muestra que el vínculo entre ellos había crecido y que Abraham enseñaba a Isaac y cultivaba la fe en la vida de su hijo. Pero llego el momento que la relación y la promesa debían de ser probadas. ¿Por qué? ¿Qué pensaba Isaac cuando su padre le echó madera encima y levantó el cuchillo? Dios vigilaba a Abraham y miraba dentro de su corazón. Cuando Dios ve que el corazón de Abraham le era fiel para cumplir su destino, Dios proveyó el carnero.

¿Puede ver los ojos de Abraham? ¿Qué le dicen? ¿Qué le dice Abraham? Ha recibido promesas y las ha disfrutado, las apreció y caminó en ellas, pero pudo renunciar a ellas? Me maravilla la obediencia y la certeza de escuchar la voz de Dios que Abraham muestra en este momento. Su fe se había profundizado y ya no vemos temor. El esta seguro de lo que hace, no cuestiona a Dios y tiene la sensibilidad necesaria para cambiar de dirección a corto plazo.

El no dudó. El ha caminado con Dios por todos los desafíos de su vida y su fe ha aumentado. No oímos comentarios emocionales, llanto, o agonía por lo que le pidieron que hiciera. No cuestiona ni conversa con Dios para pedirle que cambie su forma de pensar o recordándole la promesa que Dios le había dado a través de ese hijo. ¿Hacemos esto nosotros? Isaac representa nuestras promesas. Isaac representa empleos, ministerios, hogares, familias, éxitos y el resto de las cosas que nos han sido prometidas y recibidas. El también puede representar la bendición en nuestras vidas.

Nuestra fe es probada. Las pruebas no existen porque hacemos algo malhecho si no porque Dios desea ver como ejercemos mayordomía sobre lo que El nos ha dado. Esto nos muestra lo que existe en nuestro interior. ¿Resistimos o nos sometemos? ¿Podemos renunciar a las cosas fácilmente? En los ojos de Abraham, vemos un hombre que ha caminado con Dios y que ha aprendido que su Amigo es Fiel y Todopoderoso. A través de su camino, su fe en Dios creció. ¿Qué necesita de Abraham? Esta delante de Ud. de nuevo para darle la porción de fe que Ud. necesita para crecer al grado de confianza y obediencia que él poseía.

Oración por la Impartición de Fe

Señor Jesús, necesito una impartición de la fe que Abraham tenía en Ti. Por favor, impárteme lo necesario para pasar las pruebas de mi propia fe. Aumenta mi obediencia y mi sensibilidad a Tu voz. Por favor, deposita dentro de mí la fe incuestionable de Abraham. Por favor, impárteme la fe que siempre pasa toda prueba que Tú consideras necesaria y que mi conclusión sea que tu puedes hacer algo con los resultados. Por favor, aumenta mi fe para no dudar o cuestionar lo que tú me pides. Ayúdame a solo depender en Ti y Tus consejos como hizo Abraham. El no le pregunto a sus amigos ó acudió a su pastor, el solo confió en Ti y obedeció. Yo deseo esa fe, Dios. Auméntame e impárteme un nivel mas profundo de la fe de Abraham. Gracias por este ejemplo para darme más entendimiento. Gracias por darle sentido a las pruebas. Que yo camine ahora en una fe mayor para pasar todas mis pruebas, en el nombre de Jesús, ¡amén!

Fe Generacional

MIENTRAS LEO Hebreos 11, versículos 20-22, veo una fe generacional. Deseo alentarlos a que lean estos versículos para que vean como una generación le pasa la batuta a la próxima. ¿Piensa Ud. de manera generacional? ¿Existe algo que Ud. le puede otorgar o pasar a la generación próxima, y las que le seguirán, que Ud. nunca verá? Dentro de este capítulo existe una impartición para abrir el pensamiento y las estrategias generacionales. Venga conmigo y reciba…

En el versículo 20, leemos como por la fe Isaac, el hijo prometido de Abraham y Sara, bendice sus dos hijos. Podemos ver este momento de bendición como una bonita forma de despedirse de ellos o como la manera de impartir fe a la próxima generación. Piense por un momento sobre todo lo que Isaac experimentó, escuchó y vió a lo largo de su vida. Piense en los momentos compartidos con su padre Abraham, mientras Isaac crecía y aprendía sobre Dios. Isaac fue un hijo prometido que cargo una promesa heredada y dada por Dios que él seria el padre de muchas naciones. Esa oración sobre Jacob y Esaú estuvo llena de su fe en Dios y en ese momento, él se la pasó a sus hijos. ¿Pensamos así nosotros?

En el versículo 21, leemos que por la fe Jacob, al morir, bendijo los hijos de José. Jacob recibió algo aquel día cuando su padre, Isaac, oró y lo bendijo, y ahora es el momento de transferírselo a sus nietos. Si regresa a Génesis 49, verá que Jacob bendice cada uno de sus hijos pero en Hebreos 11, vemos al abuelo bendiciendo sus nietos. Desde el principio de la humanidad, Dios depositó en nuestro interior el deseo de legarle algo a la próxima generación. No solo un legado financiero si no también la fe para caminar en mayores niveles de fe. ¿Por qué es esto necesario? ¿Si no lo hacemos, se puede perder algo? Yo creo que Dios piensa a manera generacional así que nosotros también debemos hacerlo.

¿Que sobre la fe le puede Ud. transmitir a las generaciones posteriores? ¡Que un nuevo propósito se despierte en Ud. hoy por las generaciones que ud. nunca verá! En Deuteronomio 6, vemos al Señor instruyéndonos que le enseñemos a nuestros hijos a amar al Señor con todo su corazón, con toda su alma y con todas sus fuerzas. Mientras criamos nuestros hijos, ellos son testigos de nuestro caminar con Dios, aprendiendo de nosotros como hacerlo. ¿Estamos concientes de esto? Cuando acudimos a ellos para pedirles perdón por un error cometido, ¿que aprenden ellos? ¿Qué existe en nuestra vida diaria que le podemos dar a ellos que ellos le darán a sus hijos? Nuestros hijos y nietos les legarán algo a sus hijos así que hagámonos el propósito de dejarles ver una vida que ama al Señor con sus acciones, palabras, pensamientos, comportamientos y opciones.

Fe Generacional

No tenemos que estar al pie de la muerte para legarles nuestra fe. Podemos modelar la fe a diario y cuando llegue el momento de bendecir a nuestros hijos y nietos, les entregaremos nuestras experiencias y nuestro caminar con Jesús. Ellos comprenderán mucho mejor el peso de esa responsabilidad y lo apreciaran aún mas. Nuestra fe es muy valiosa para las generaciones por venir.

Oración por la Impartición de Fe

Señor Jesús, por favor, despierta en mí el corazón y la mente por las generaciones futuras como Isaac y Jacob lo hicieron cuando bendijeron sus hijos y nietos. Por favor dame una visión y un propósito mayor por las generaciones que me seguirán. Muéstrame lo que les puedo legar y como lo puedo hacer. Perdóname por la manera que he ejemplificado mi fe hasta hoy día y ayúdame a caminar de una manera fresca y dinámica contigo cada día, comenzando ahora mismo. Dame estrategias creativas para mi familia. Permite que yo les imparta una fe generacional que ellos le puedan impartir a los suyos, pasándoles la batuta de una fe que siempre crece, siempre aumenta. Que yo tenga un nuevo corazón y mente para cuidar y mayordomear la fe que tengo, y que yo viva y camine contigo de una tal manera que será pregonado en las generaciones por venir.

Ayúdame, Jesús, ha recibir la fe generacional que Tu deseas que yo tenga. Te amo y te lo agradezco. En el nombre de Jesús, ¡amén!

Moisés –
Fe Para Destino

"Por la fe Moisés, cuando nació, fue escondido por sus padres por tres meses, porque lo vieron niño hermoso y no temieron el decreto del rey." (Hebreos 11:23)

POR MUCHO TIEMPO este versículo me pareció estar fuera de lugar, ya que en mi criterio no seguía el patrón establecido por el autor de Hebreos. ¿Cómo es que la fe de los padres de Moisés pudo ser acreditada a el? ¿Qué tuvo que ver ser hermoso con la fe? ¿Ha pensado Ud. sobre esto alguna vez? Existen siete versículos sobre la fe de Moisés y esta me llamo la atención. Venga conmigo, mientras nos acercamos para ver lo que vieron los padres de Moisés.

Si no conoce la vida de Moisés, quizás quisiera tomarse un corto desvío desde Éxodo 2 hasta el fin de Deuteronomio para que puedan estudiar la vida de Moisés y como Jehová lo uso. Cuando le pregunté al Señor que en realidad sucedió cuando sus padres vieron un "niño hermoso", El me mostró que ellos vieron su destino. Los padres de Moisés vieron los planes y los propósitos del Señor sobre este pequeño. Cuando lo vieron, su valentía se levanto para no temer el decreto del rey.

Mientras se acerque a cada versículo sobre Moisés en este capítulo, Ud. comenzará a ver lo que ellos vieron. Mientras maduró el mismo se percató mas y mas de su destino y se enfrento a momentos clave en su vida donde todo cambio para él. Debido a que sus padres lo pusieron en las manos de Jehová desde el principio y no caminaron en temor, Jehová pudo levantar un poderoso hombre de Dios que se enfrentó al temor como sus padres. En el versículo 27 leemos que Moisés tampoco temió la ira del rey.

De la fe de Moisés podemos recibir una impartición para ver el destino de nuestros hijos y ser animados a enfrentar todo temor sin hacerle caso a las consecuencias. Sus padres vieron su futuro. Nosotros también podemos ver el futuro de nuestro hijos, nietos, sobrinas, sobrinos, y otros que Dios ha puesto en nuestra vida para que declaremos bendición y seamos parte de su caminar en plenitud con Dios.

De la vida de Moisés recibimos hoy valor, audacia, favor, destino, visión, propósito, y un ejemplo verdadero de lo que es una relación con Dios, quien El es y lo que El puede hacer a través de nosotros. Póngase en posición para recibir de la fe de este hombre y enfóquese en todo lo que el atravesó y soportó, y reciba de su vida lo que necesite Ud. ahora mismo en este momento. Veamos su camino así que pensemos como eso puede impactar nuestro camino. ¿Esta listo?

Moisés – Fe Para Destino

Oración por la Impartición de Fe

Señor Jesús, mientras me detengo delante de Moisés, te pido la parte exacta de su fe y vida que yo necesito ahora mismo. Te pido la impartición de la fe y visión de sus padres para ver el destino de mis propios hijos, nietos, sobrinas, sobrinos, y las vidas de las personas que has puesto a mí alrededor. Abre mis ojos pare ver y que la impartición de valor este dentro de la visión, en el nombre de Jesús. Perdóname por pensar que soy tan poca cosa y por pensar lo mismo de otros. Gracias por Tus planes y propósitos hacia mí y hacia los que me rodean. Señor Jesús, yo deseo esa fe que crea destinos. Deseo ver el destino; caminar en valentía y osadía para que me lleven hacia el; y permanecer enfocado en Tus planes y propósitos. Gracias por la vida de Moisés, por sus padres y su fe. Gracias por la impartición de fe que crea destinos para dársela a las generaciones futuras. Gracias por la dirección y por las respuestas que recibiré por esta impartición. Lo recibo todo en el nombre de Jesús, ¡amén!

Cayeron Los Muros de Jericó

"Por la fe cayeron los muros de Jericó después de rodearlos siete días." (Hebreos 11:30)

Este es un comentario interesante. No hay ni nombre ni persona en particular relacionado con este versículo "por la fe". Por mucho tiempo le atribuí este versículo a Josué, pero mientras más esperaba en el Señor para recibir entendimiento, mas me he dado cuenta que hay mucho mas contenido en esta fe que derrumbó los muros. Hoy no nos detenemos delante de una persona, si no delante de un grupo de creyentes que tomaron un paso hacia una unidad con todas las generaciones. Dentro de este grupo de personas que marcharon alrededor de esta ciudad durante siete días hay un ímpetu que debe ser recibido. Venga, vamos a tomar un paso dentro del ímpetu del pasado para cargarlo hacia nuestro presente y para equiparnos para el futuro.

Si no ha leído sobre el comienzo del liderazgo de Josue, les recomiendo desviarse hacia Josué 1-6 y verán a Moisés pasándole el liderazgo a su asistente Josué. La batuta es pasada de nuevo a otro como fue de Abraham a Isaac, a Jacob y a José, después a Moisés y finalmente a Josué. Moisés guió al pueblo de Israel hasta el borde de la Tierra Prometida y ahora Josué los haría entrar. Su primer obstáculo fue Jericó. ¿Cuál es su Jericó hoy? Esta fue una ciudad completamente amurallada y parecía invencible.

¿Como debe haber sido caminar alrededor de una ciudad por 6 días seguidos? Me pregunto si se sintieron emocionados al enfrentar esas murallas cada día. Me pregunto si para algunos fue una tontería solamente caminar alrededor de la ciudad y mantenerse callado. La gente dentro de la ciudad habrían estado mirándoles y maravillándose, o quizás gritándoles o burlándose de ellos. Día tras día, se levantaron y unidos obedecieron e hicieron lo que El Señor les instruyó. ¿Tiene esto sentido para Ud.? ¿Le ha pedido el Señor que Ud. haga algo que parece ser ridículo y, por lo tanto, no lo hizo? ¿Qué necesita Ud. de este grupo de creyentes hoy?

Cuando me centré en este versículo y esta situación, vi que cada día los muros no debieron haber parecido tan altos como el día anterior. Las burlas no parecieron tan ofensivas como al principio y cada día algo creció dentro de ellos. Tienen que haber estado pensando en lo que Dios les había pedido que hicieran y lo hacían. Fueron instruidos a ser silenciosos, así que sólo tuvieron sus pensamientos. Veo la conexión con Hebreos 11:6, *"Pero sin fe es imposible agradar a Dios, porque es necesario que él que se acerca a Dios crea que El existe y que recompensa a los que lo buscan."* Mientras marchaban alrededor de la ciudad, ellos agradaban a Dios, lo conocían mas a manera personal, y El es quien recompensa a los que lo buscan.

Creo que pensaban en la provisión, en las historias del éxodo de Egipto, el partir del Mar Rojo, y todo lo que la generación anterior les entregó. Ellos fueron parte de eso y ahora caminaban a otro gran testimonio. Creo que todo el cielo andaba alrededor de esas paredes día tras día con ellos, recordándoles de la fidelidad de su Dios.

Cuando llegó al séptimo día, su fe habría crecido más fuerte que nunca antes y cuando le gritaron a esas paredes todo el cielo gritaba con ellos. ¿Cerraron sus ojos al gritar con todo fervor? Desataron su fe y Dios se movió por ellos. Su recompensa fue presenciada por sus propios ojos. Se conectaron al ímpetu del cielo y nosotros también lo podemos hacer. Si vuelve y mira el orden de cada persona en Hebreos 11, Ud. puede ver el ímpetu que acrecentaba y el mover de la mano de Dios para beneficiar a los que lo buscaron y creyeron en El. A cada uno de nosotros, Jericó representa las situaciones que parecen sernos imposible. ¿Qué necesita Ud. que el Señor retire de su camino para que Ud. pueda seguir adelante hacia su Tierra Prometida? Siento que todo el cielo desea desatar delante de usted lo que fue desatado ese séptimo día. ¿Esta listo para recibir?

Creo que delante de nosotros, como líderes, existe ahora una impartición para liderar como lo hizo Josué, cuando lideró la gente a tomar un paso hacia adelante. ¿Qué necesita usted hoy?

Es Pues, La Fe

Oración por la Impartición de Fe

Señor Jesús, necesito la impartición de fe de Josué y de todos los hebreos que marcharon alrededor de Jericó por 7 días, creyendo que Tú harías lo que les prometiste. Dame la fe para enfrentar mis propios obstáculos imposibles contigo. Impárteme la obediencia con la que ellos caminaron. Necesito su fe y el ímpetu de las generaciones anteriores. Lléname de Tu poder mientras miro estas paredes delante de mí, y mientras conecto a su fe, que se caigan estas paredes. Impárteme su valor, su obediencia, y lo que sucedía dentro de ellos cuando se levantaron cada día, encarando sus temores y debilidades contigo. Te pido una impartición de la fe generacional de fortaleza y valor que Josué exhibió mientras el lideró, que trajo unidad y victoria. Muchas gracias por todo lo que harás conmigo. ¡Pido y recibo toda esta fe conocida y desconocida en el nombre de Jesús, ¡amén!

Rahab

"Por la fe Rahab la ramera no pereció juntamente con los desobedientes, porque recibió a los espías en paz." (Hebreos 11:31)

RAHAB, LA RAMERA. ¿Como le gustaría ese nombre? ¿Quien fue esta prostituta Rahab y por que es incluida en esta lista? ¿Qué necesitamos de su fe?

La ramera, Rahab, aparece 'de la nada' en Josué 2, cuando los espías que Josué envió a Jericó se hospedaron en su casa. ¿Por que escogieron su casa? Este momento es esencial para ella. Rahab reconoce quienes son estos espías, les permite hospedarse en su casa, los esconde del rey de Jericó, y les pide preservar su vida cuando ellos regresen a destruir la ciudad. ¿Qué causaría que una ramera haga tal cosa? Acabamos de leer en el capítulo anterior acerca de Josué y los israelitas que rodean la ciudad durante siete días, y la ramera Rahab estuvo dentro de la ciudad esperando ser rescatada. Había oído de su Dios y creído. Vio a su Dios como su esperanza para una nueva vida y su salida de la fama que portaba. Rahab quiso tomar parte de lo que el Señor, su Dios, hacía y lo arriesgó todo. Ellos la salvaron y a su familia. Ella caminó en lo que había deseado. Si lee la genealogía de Jesús, verá que su nombre no aparece como Rahab, la ramera sino como Rahab, la madre de Boaz. Fue injertada a la familia de Dios y consiguió una nueva vida. ¿Es esto lo que usted desea de Rahab?

Cuando me detengo delante de Rahab hoy, veo sus ojos y veo un comienzo fresco disponible. Ya no veo dolor y vergüenza, sino propósito y destino. Rahab dejo de ser parte de una comunidad irrespetada donde se sentía usada e indigna a ser parte de una comunidad que servia a Dios. Oyó las historias acerca de la esperanza de Dios. Tomó un riesgo, encontró a Dios, y todo cambió para ella. Hay siempre personas a nuestro alrededor, dondequiera que estemos, que se sienten como Rahab se sintió en Jericó. ¿Nos fijamos en ellos? ¿Han oído ellos de nuestro Dios y lo que El puede hacer por ellos? ¿Qué necesita Ud. de la vida y la fe de Rahab?

Rahab fue una ramera, o prostituta. Conocemos el significado obvio de esta palabra, pero ¿que sucedería si, por un momento, decidiéramos fijarnos más profundamente en la palabra prostituta? ¿Qué sucedería si esta palabra nos comunicara alguien vendiendo sus capacidades, talentos o nombre por propósitos que le roban su dignidad?¿Vendemos nuestros talentos por una causa indigna? ¿Lo reconocemos cuando lo hacemos? Cuando vendemos nuestros talentos por un propósito indigno, creamos dentro de nosotros un lugar que nos hace sentir indignos. Rahab tuvo un lugar dentro de ella que creyó en Dios, de algún modo, aun con todo influyendo a su contra.

Rahab

Yo veo a Rahab agradando a Dios aún con su poquita fe. Si nos fijamos en Hebreos 11:6 de nuevo, leemos *"Pero sin fe es imposible agradar a Dios, porque es necesario que el que se acerca a Dios crea que él existe y que recompensa a los que lo buscan."* Esto no dice cuánta fe debemos tener, ni detalla quién debe ser incluido. Rahab tuvo un poquito de fe por las historias de todo lo que Dios había hecho por los Israelitas que ella había escuchado y comenzó a creer "que El existe y que recompensa a los que Lo buscan." Las historias produjeron fe del tamaño de una semilla de mostaza y todo cambió para ella. Veo nuestros testimonios desatando potencial para que otros reciban. ¿Debe hacer Ud. un cambio total de dirección en su vida?

La fe de Rahab nos ofrece hoy una esperanza fresca, una nueva dirección en la vida y un rompimiento de ataduras. Su fe la pudo injertar a un destino que no le pertenecía, y ser parte de una generación que sigue y sirve a Dios. ¿Necesita estas cosas en su vida?

Oración por la Impartición de Fe

Señor Jesús, gracias por la vida y la fe de Rahab. Gracias por mostrarme que yo también puedo tomar la fe que tengo y ponerla en Ti, y que con eso Tu puedo cambiar todo en mi vida. Perdóname por vender mis talentos y capacidades a causas indignas. Me perdono a mi misma y te pido que comiences a trabajar y a cambiar mis pensamientos, mis palabras, mis acciones y mi vida. Necesito la fe de Rahab y todo lo que esta contenido en ella, visto o no visto. Que yo pueda oír como ella oyó y que yo pueda tener el valor que ella tuvo de arriesgarlo todo a cambio de una vida contigo. Que yo me fije en aquellos alrededor de mí que tienen los oídos y los ojos de Rahab. Porque aquellos que se sienten perdidos, extienden su mano para recibir nuevas esperanzas, una nueva vida y un nuevo futuro. Impárteme la fe de Rahab y que ella influya como yo me veo a mi misma, como te veo a Ti, y como veo a otros. Gracias por todo lo que estoy recibiendo ahora. Que este momento comience a activar nueva vida y nueva esperanza en mí. Impárteme la fe de Rahab en mí ahora de toda dirección y de toda perspectiva, en el nombre de Jesús, ¡amén!

¿Y Que Mas Podré Decir?

En este punto del capitulo, cada una de las declaraciones "por la fe" cesaron pero aún continua el valor y la resistencia de mas individuos en los versículos 32-38.

32 ¿Y qué más digo? El tiempo me faltaría para hablar de Gedeón, de Barac, de Sansón, de Jefté, de David, así como de Samuel y de los profetas.

33 Todos ellos, por fe, conquistaron reinos, hicieron justicia, alcanzaron promesas, taparon bocas de leones,

34 apagaron fuegos impetuosos, evitaron filo de espada, sacaron fuerzas de debilidad, se hicieron fuertes en batallas, pusieron en fuga ejércitos extranjeros.

35 Hubo mujeres que recobraron con vida a sus muertos; pero otros fueron atormentados, no aceptando el rescate, a fin de obtener mejor resurrección.

36 Otros experimentaron oprobios, azotes y, a más de esto, prisiones y cárceles.

37 Fueron apedreados, aserrados, puestos a prueba, muertos a filo de espada. Anduvieron de acá para allá cubiertos de pieles de ovejas y de cabras, pobres, angustiados, maltratados.

38 Estos hombres, de los cuales el mundo no era digno, anduvieron errantes por los desiertos, por los montes, por las cuevas y por las cavernas de la tierra.

Cada vez que leo los próximos siete versículos que le siguen a Rahab, experimento su valor y su fe. Es como que tomo un paso dentro de su fe y creo como ellos con la capacidad para enfrentarse a todo y mantener sus ojos en Dios. En los días cuando me siento un poco desalentada y preguntándome lo que hago en este planeta, leo Hebreos 11. Cuando tengo esta predisposición, leo rápidamente sobre Abel, Enoc, Noe, Abraham, Sara, Moisés, Jericó, y Rahab, y comienzo a sentirme que algo cambia en mi fe mientras me concentro en estos versículos. Cuando llego al versículo 40, la pesadez que tenia cuando comencé con el versículo 1 se desvanece y estoy lista para comenzar mi día.

Hebreos 11 es un túnel de fe necesario para todos los seguidores de Jesucristo; le animo a que Ud. lea este capítulo de Hebreos muchas veces y que lo comparta con otros.

Esta es mi oración para Ud.:

Señor Jesús, alzo hacia Ti a la persona que lee estas palabras en este momento y te pido un encuentro personal contigo para el o ella, en formas que el o ella nunca imaginó. Que su fe aumente; y que la perspectiva de su vida y sus circunstancias sean de acuerdo a la manera que Tu las ves. Oro que la fe de cada uno de estos hombres y mujeres quede plenamente impartida dentro de ellos y que ellos tengan una revelación notable de como esa fe los cambia. Que esta fe que han recibido sea palpable en alguna manera. Oro por aumento de visiones, de sueños, de revelación, de fe, de esperanza, de amor, y de la mentalidad que piensa y dice 'todo es posible'. Oro que les abras el corazón y la mente a Tus caminos y Tus pensamientos. Pido les aumentes el discernimiento y la sabiduría para que caminen en todo lo que han recibido. Oro que las imparticiones de este libro sean protegidas, alimentadas y permitidas crecer, y que Tú amplies quienes ellos son. Oro que esta impartición de fe los despierte a la profundidad de Tu Palabra y que cada día la verdad de Tu Palabra y su caminar contigo crezcan sumamente y abundantemente más de todo lo que ellos jamás podrían pedir o pensar. Oro que su nombre seguirá una de esas declaraciones de "por la fe" y que su vida, su forma de pensar, y su fe nunca mas sean las mismas. Bendícelos en todo lo que hacen por el resto de su vida. Bendice las generaciones que les seguirán o con las que tendrán influencia. Gracias por la impartición de fe que Te agrada. ¡Pido todo esto en el nombre de Jesús, amén!

"Pero ninguno de ellos, aunque alcanzaron buen testimonio mediante la fe, recibió lo prometido, porque Dios tenía reservado algo mejor para nosotros, para que no fueran ellos perfeccionados aparte de nosotros"(Hebreos 11:39-40).

Tu habitas la palabra "nosotros"...

Reflexiones de Fe

DE CADA UNA de las personas destacadas en este libro le fue presentada una oportunidad de recibir una impartición de su fe. Quizás Ud. desee escribir sobre lo que usted recibió y anotar la fecha. Creo que a través de su vida Ud. necesitará diferentes partes de la fe de estos personajes bíblicos para aplicarla específicamente a medida de su recorrido con el Señor. Pensé que sería divertido documentar esa trayectoria. Quizás algún día alguien en el futuro recogerá este libro, parte de su linaje generacional, y leerá lo que usted recibió y potencialmente les otorgó.

Comprendemos _____

Abel _____

Enoc _____

Noé _____

Es Pues, La Fe

Abraham _____

Sara _____

En La Fe Murieron Todos Estos _____

Pruebas de Fe _____

Fe Generacional _____

Moisés – Fe Para Destino _____

Cayeron Los Muros de Jericó _____

Rahab _____

¿Que Mas Podría Decir? _____

_____

_____

_____

_____

Sobre La Autora

Cheryl Stasinowsky es una oradora y escritora apasionada y transparente. Su deseo es que otros vean a Jesús en todo lo que atraviesan; que desarrollen una nueva pasión por Su Palabra; y obtengan un mayor reconocimiento de la importancia de las Escrituras en sus vidas. Por favor contáctela para invitarla a sus futuros eventos, retiros, cultos, reuniones, y conferencias. ¡A ella le encantaría conocerle!

**Contacte a Cheryl si desea planear
un fin de semana de impartición de fe
para desatar todo el contenido de este libro.**

*www.hishiddentreasure.blogspot.com
psalm421@surewest.net
o conéctese con Cheryl en Facebook!*

Lo que dicen otros:

"Cheryl Stasinowsky es un tesoro. Cheryl es una artista especial que nos pinta sus enseñanzas de la edificación de la fe, y como tal, extrae apasionadamente los planos del fundamento de la Palabra y agrega esa base a los detalles de la vida diaria práctica. Sus libros y sus enseñanzas son una guía para la vida, y sus eventos son muy personales y especiales. Se abre a cada persona que enseña, y expone honestamente sus propias experiencias personales en la presencia de Dios dentro de las alegrías y dolores de la vida cotidiana."

Otros Libros Por Cheryl Stasinowsky
(Solo en ingles)

His Hidden Treasures
(Sus Tesoros Escondidos)
ISBN: 978-0-615897-99-8

Hay un tesoro desconocido sobre su mesita de noche, en su librero o sobre su mesa de centro. Está lleno de llaves que abrirán su destino, su visión y su propósito. Son suyas si se atreve a tomarlas. Únase a Cheryl en este viaje mientras ella destapa secretos valiosos de la Biblia. Por su propio quebrantamiento y entrega, el autor le inspirará a embarcarse en su propio viaje en búsqueda de los tesoros eternos e incesantes de la Palabra de Dios.

Deeper Relevance
(Relevancia Mas Profunda)
ISBN: 978-0-6159069-9-7

Cheryl comenzó a escribir una palabra alentadora diaria en su red social, sin darse cuenta que su búsqueda de un entendimiento mas profundo de la Palabra de Dios se convertiría en un devocional. Agarre su Biblia, junto con este libro, y prepárese a descubrir pepitas de oro del Reino que enriquecerán su camino y su relación con Jesús. ¡Su Palabra sinceramente nos sostiene cada día!

Otros Libros Por Cheryl Stasinowsky (Solo en ingles)

Now Faith
(Es Pues, La Fe)
ISBN: 978-0-615899-07-7

Es Pues, La Fe es un encuentro, cara a cara, con los hombres y mujeres de Hebreos 11 quienes tuvieron la fe que agradó a Dios y que movió montañas. Cada capítulo toma un paso adentro de sus vidas, echa un vistazo a su forma de ser, encuentra partes vitales del ADN de su fe, y después suple una oración para la impartición de esa fe.

Otros Libros Por Cheryl Stasinowsky
(Solo en ingles)

Private Moments With God
(Momentos Privados con Dios)
ISBN: 978-0-615910-37-6

Para ventas individuales y libros al por mayor,
por favor acudan a:

Amazon.com
Barnes and Noble
barnesandnoble.com o bn.com

www.ingramcontent.com/pod-product-compliance
Lightning Source LLC
Chambersburg PA
CBHW071312040426
42444CB00009B/1984